Pour Ralph Sozio, S.D. (Super Dentiste)

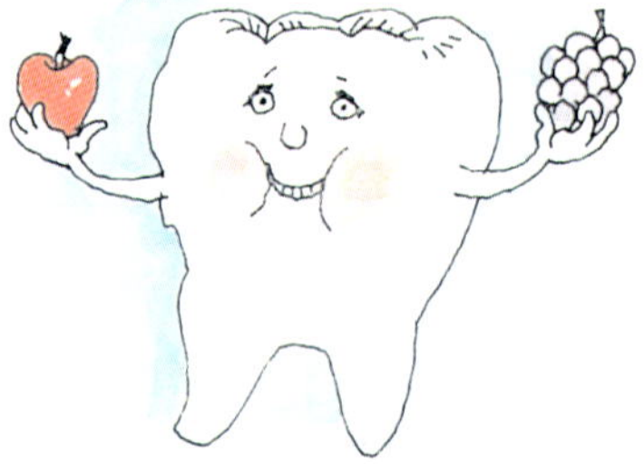

traduit par Natalie Zimmermann

ISBN 2-7366-5306-8 pour l'édition française.
Dépôt légal : septembre 1997, Bibliothèque nationale.
Imprimé en Italie par Eurografica.

MARC BROWN

La dent d'ARTHUR

épigones

Enfin, Arthur a une dent qui bouge.
Il la fait bouger avec sa langue.
Il la fait bouger avec son doigt.
Il la fait bouger tout le temps.

Un après-midi, à l’école, Arthur est en train de faire bouger sa dent quand il entend un grand cri. Francine s’est levée.

– Ma dent vient de tomber sur ma table ! crie-t-elle.
– Les enfants, combien d'entre vous ont déjà perdu une dent ? demande monsieur Marco.
Tout le monde lève la main, sauf Arthur.

À la maison, Arthur ne veut pas goûter.
– Qu'est-ce qui ne va pas ? demande maman.
– Je suis le seul de la classe à avoir encore toutes mes dents de lait, gémit Arthur.

– Ne t’en fais pas, lui dit sa sœur, Didiminou.
Toutes tes dents vont tomber avant que tu aies le temps de dire « ouf ! » et il t’en faudra des fausses, comme grand-mère Laura.

Le soir, Arthur persuade son père de lui préparer un dîner spécial : bifteck, épi de maïs et croquants aux noisettes.
– Je n’arrive pas à croire qu’une aussi petite dent mette tant de temps à tomber, dit papa.

Le lendemain, Molly apporte une boîte pleine de dents à l'école.
– J'ai eu dix francs pour chacune, dit-elle.
Cinq francs de mon papa et cinq de ma maman. J'ai tout mis à la banque pour toucher des intérêts et avoir encore plus d'argent.
– Moi, je dépense tout tout de suite, dit Francine.

épeler
Paris
bouger
tour
nez
Noël
Seine
cœur
maître
yeux
problème
camp
vérité
mal
COLLE

L'après-midi, en classe, on passe un film qui s'appelle : *Le Méchant Monsieur Carie*.

– C'est entre quatre et sept ans, commente monsieur Marco, que tout le monde commence à perdre ses dents de lait.

– Tout le monde, sauf Arthur ! s'exclame Francine.

La classe éclate de rire.

Arthur se fait tout petit sur sa chaise et il fait bouger sa dent tant qu'il peut.

NOTRE
DIRECTEUR
GARE
AUX POUX !
LAIT

Au goûter, Francine essaye de nouveaux tours.
– Regardez ! crie-t-elle. Je peux boire avec ma paille en gardant les dents serrées. Et je peux aussi faire gicler de l'eau. Venez, on va jouer à celui qui fait gicler l'eau le plus loin - mais pas toi Arthur ! C'est pas un jeu pour les bébés aux dents de lait.

Le lendemain, Arthur est convaincu que sa dent ne tombera jamais. Ses amis cherchent à l'aider. Buster lui apporte des carottes.

Suzie montre à Arthur comment placer des raisins secs sur ses dents pour faire croire qu'il en manque.

Lumière invente une machine spéciale.
– C’est un arracheur de dents, explique-t-il.
Mets juste ta tête là-dedans.

Même Bobby le Cogneur est prêt à lui donner un coup de main.
– Un petit coup de poing et ta dent tombera, dit-il.

Ce soir-là, Arthur passe beaucoup de temps devant le miroir de la salle de bains.

Le lendemain matin, il se lève très tôt pour faire bouger sa dent.

– Regardez, elle ne tient presque plus ! annonce-t-il à ses parents.

– Cela suffit, dit maman.

Je t'emmène chez le dentiste.

TOUT SAVOIR SUR LES MEDIAS

– Tu vas aller chez le dentiste ! s'écrie Francine. Oh mon pauvre ! Je ne voudrais pas être à ta place.

Il y a beaucoup de monde dans la salle d'attente du docteur Sozio.
– Excusez-nous, dit la secrétaire, mais nous sommes en retard. Asseyez-vous.
– Arthur, tu as eu raison de prendre un livre, dit maman.

ALASKA
SONNEZ S.V.P.
LE FRISSON!

C’est enfin au tour d’Arthur.
– J’aimerais que tous mes patients soient aussi sages que toi dans la salle d’attente, remarque le docteur Sozio. Quel âge as-tu, maintenant, Arthur ?
– Sept ans. Et j’ai toujours toutes mes dents de lait.
– J’avais huit ans quand j’ai perdu ma première dent, dit le docteur Sozio. Chacun est différent.
– Vraiment ? s’étonne Arthur.
Le docteur Sozio examine la dent branlante d’Arthur :
– Elle ne vas pas tarder à tomber. Il faut juste attendre un peu.

BROSSE-TOI LES DENTS
À UTILISER!
FIL DENTAIRE

Arthur rentre à l'école à temps pour la récré.
– Tu as toujours ta dent ? s'étonne Francine.
Alors tu ne peux pas jouer avec nous.
Je suis la petite souris. Il n'y a que ceux qui ont perdu des dents qui peuvent jouer.

– Si c'est toi la petite souris, réplique Arthur, alors je crois que je préfère garder mes dents. Et il s'éloigne.

– Je fais trois tours et celui que je toucherai, crie Francine, perdra sa dent de lait.
Elle commence à battre des bras.
– C'est celui que je touche le plus qui gagne !

Francine tourne sur elle-même et touche Buster.

Elle tourne plus vite encore et touche Suzie

Elle tourne de plus en plus vite, trébuche et se cogne contre Arthur.

– Pardon, dit-elle. Mais j'avais dit : pas de bébé ici.

Arthur ramasse ses lunettes.
– Ce n’est pas grave, dit-il,
c’est même très gentil de ta part.
– Qu’est-ce que tu veux dire ?
demande Francine.

Et Arthur se contente de sourire !